Snežana Stefanović

Serbian:
Vocabulary Practice A1
to the Book "Idemo dalje 1"
- Cyrillic Script

Textbook with

Words and Phrases and English Translation

2. Edition

Level A1 – Beginner

www.serbian-reader.com

САДРЖАЈ - CONTENT

Introduction

The concept of the work "Serbian: Vocabulary Practice A1 to the Book 'Idemo dalje 1' – Cyrillic Script (Level A1 – Beginner)" was developed as a supplement to the reading book "Serbian: Idemo dalje 1". The vocabulary practice contains alphabetically sorted words, terms and expressions that can also be found in the reading book, and for each word there is one or more sentences as an example. The sentences serve to make it easier to remember the word in context.

The vocabulary practice can also be used independently of the rest of the accompanying material, as a stand-alone reading or as a reference tool while learning Serbian. In terms of grammar, the sentences are written in the present tense and the topics are adapted for language level A1 beginner according to the CEFR (Common European Framework of Reference for Languages).

For more information about other books in the "Serbian-Reader" series, please visit the following website: www.serbian-reader.com

Cyrillic Script

A, a	**B, b**	**C, c**	**Č, č**	**Ć, ć**	**D, d**
= А, а	= Б, б	= Ц, ц	= Ч, ч	= Ћ, ћ	= Д, д
А, а	*Б, б*	*Ц, ц*	*Ч, ч*	*Ћ, ћ*	*Д, д*

Đ, đ	**Dž, dž**	**E, e**	**F, f**	**G, g**	**H, h**
= Ђ, ђ	= Џ, џ	= Е, е	= Ф, ф	= Г, г	= Х, х
Ђ, ђ	*Џ, џ*	*Е, е*	*Ф, ф*	*Г, г*	*Х, х*

I, i	**J, j**	**K, k**	**L, l**	**Lj, lj**	**M, m**
= И, и	= Ј, ј	= К, к	= Л, л	= Љ, љ	= М, м
И, и	*Ј, ј*	*К, к*	*Л, л*	*Љ, љ*	*М, м*

N, n	**Nj, nj**	**O, o**	**P, p**	**R, r**	**S, s**
= Н, н	= Њ, њ	= О, о	= П, п	= Р, р	= С, с
Н, н	*Њ, њ*	*О, о*	*П, п*	*Р, р*	*С, с*

Š, š	**T, t**	**U, u**	**V, v**	**Z, z**	**Ž, ž**
= Ш, ш	= Т, т	= У, у	= В, в	= З, з	= Ж, ж
Ш, ш	*Т, т*	*У, у*	*В, в*	*З, з*	*Ж, ж*

Words and Phrases in Cyrillic Script with English Translation

Abbreviations:

acc. – accusative
coll. – colloquial language
dat. - dative
dia. – dialect
f - female
fig. – figurative
gen. – genitive
inf. – infinitive
inst. – instrumental
loc. – locative
m – male
n - neuter
N - nominative
pfv. a. – perfective aspect
pl. – plural
PPA – past participle active
sg. – singular
voc. – vocative

A

a – but; and

"a" is an opposing "and" and stands for "and but"

Софија жели да једе супу и главно јело, а Марко само супу. – Sofija wants to eat a soup and the main course, but Marko only wants the soup.

Марија је добро, а Марко није. – Marija is doing well, but Marko is not doing well.

ајвар – spread (also as a side dish) of peppers and melanzani

Ја волим ајвар. А ти? – I like "ajvar". And you?

албум фотографија – photo album

Ово је мој стари албум фотографија. – This is my old photo album.

алергија – allergy

Мислим да имам алергију, стално кишем. – I think I have an allergy, I sneeze all the time.

али – but

Али зашто? – But why?

алтернатива – alternative

Имамо ли неку другу алтернативу? – Do we have another alternative?

амерички – American

Волиш ли америчке филмове? – Do you like american films?

апотека – pharmacy

Идем у апотеку. – I am going to the pharmacy.

аутобуска станица – bus station, bus stop

Где је овде аутобуска станица? – Where is the bus stop?

аутом – by car

Долазим аутом. – We are coming by car.

Б

баба – grandma

Где живи твоја баба? – – Where does your grandma live?

бар – at least

Одмори се бар пет минута! – Rest at least 5 minutes!

баш – (*emphasis word*) just, but, really, yet

Ово дете је баш смешно! – This child is really funny!

бавити се, ја се бавим – to occupy oneself; **бавити се спортом** – to do sport

Којим спортом се бавиш? – What kind of sport do you do?

Бели, бела, бело (m/f/n) – white

Моја кошуља није бела него сива. – My shirt is not white, but grey.

без (+ *gen.*) – without

Не могу да идем без ташне! – I can´t go out without the bag!

бибер – pepper

Где је бибер? – Where is the pepper?

бити (ја сам) – to be (I am)

бивши, бивша, бивше (m/f/n) – former

Ово је мој бивши кварт. – This is my former neighbourhood.

близини → у близини – near, nearby

У близини је добар кафић. – There is a good cafe nearby.

близу – near, close

Моја кућа је близу болнице. – My house is close to the hospital.

боца – bottle

Али боца је празна! – But the bottle is empty!

боксати, ја боксам – to do box

Мој брат бокса већ две године. – My brother has been boxing for 2 years.

болестан, болесна, болесно (m/f/n) – ill, sick

Ко је болестан? – Who is ill?

Марија је болесна. – Marija is ill.

боље – better

Сад ми је боље. – I feel better now. (mi = we; me)

брат – brother

Ја немам брата. – I don´t have a brother.

братић – cousin

Мој братић се зове Немања. – My cousin´s name is Nemanja.

брига – worry

Без бриге! – Don´t worry!

брзина – speed; **на брзину** – quickly

Можемо да попијемо кафу на брзину па идемо. – We can finish the coffee quickly and then we'll go.

брзо – fast

Зашто трчиш тако брзо? – Why are you running so fast?

будити се, ја се будим – to wake up

Када се обично будиш? – What time do you usually wake up?

Ц

центар – center

Где је центар града? – Where is the city center?

цео дан – all day

Сутра радим цео дан. – Tomorrow I'll work all day.

ципела – shoe

Где су моје ципеле? – Where are my shoes?

црни, црна, црно (m/f/n) – black

Волим црну кафу без шећера. – I like black coffee without sugar.

цртати, ја цртам – to draw

Шта црташ? – What are you drawing?

Ч

чај (pl. **чајеви**) – tea

Волиш ли чај од камилице? – Do you like chamomile tea?

чекање – waiting

Ово чекање је предуго! – This waiting takes too long!

чекати, ја чекам – to wait

Како дуго морамо да чекамо? – How long should we wait?

Честитам! – Congratulations!

често – often

Ја не идем често у оперу. – I don't go to the opera often.

чоколада – chocolate

Не, ја не једем чоколаду. – No, I do not eat chocholate.

Ћ

Ћао! – Bye!; Hello!

ћерка – daughter

Моја ћерка се зове Гордана. – My daughter's name is Gordana.

ћевапи (pl.) (also: *ћевапчићи*) – minced meat rolls

Идемо на ћевапе/ћевапчиће? – Are we going to eat „ćevapi"/ „ćevarčići"?

да – yes; that

> *Да, желим да Немања исто иде с нама. – Yes, I will also that Nemanja comes with us.*

дакле – well, so

> *Шта то дакле значи? – Well, what does that mean?*

далеко – far away

> *Биоскоп није далеко. – The cinema is not far away.*

дан – day

> *Који дан је данас? – What day is today?*

данас – today

> *Данас је диван дан. – Today is a beautiful day.*

Децо! (*voc.*) – Children!

деда (*coll.*) – grandpa

> *Је ли твој деда жив? – Is your grandpa alive?*

десерт – dessert

> *За десерт желим торту. – For dessert I want a cake.*

десно – right

> *Десно је тоалет, а лево је излаз. – To the right is the toilet, and to the left is the exit..*

девојка – girlfriend (*love relationship*); young woman

Немања нема више девојку. – Nemanja has no girlfriend anymore.

Моја сестра је веома лепа девојка. – My sister is a very beautiful young woman.

дијета – diet

Не, нисам више на дијети. – No, I am not on a diet anymore.

диван, дивна, дивно (m/f/n) – beautiful

Ова слика је дивна. – This picture is beautiful.

до – until; **до касно** – until late

Имам састанак до пет. – I have a meeting until 5.

Сутра радим до касно. – Tomorrow I'll work until late.

Добар дан! – Good day!

добро – good

дође – he comes; inf. **доћи, ја дођем** (*pfv. a.*) – to come

Ја не могу да дођем на рођендан. – I can't come to the birthday party.

договор – agreement, deal

Имам договор с Маријом у вези учења. – I'm meeting with Maria regarding studying.

Договорено! – Deal!

долазити, ја долазим – to come

Ја долазим из Србије. – I come from Serbia.

домаћа кухиња – home cooking

Ја највише волим домаћу кухињу. – I like home cooking best.

доносити, ја доносим – to bring

Доносим добре вести! – I'm bringing good news!

доручак – breakfast

Када је доручак? – When is breakfast?

доручковати, ја доручкујем – to have breakfast

Ја обично не доручкујем. – I usually don't eat breakfast.

Довиђења! – Goodbye!

Драго ми је. – I am glad.

другачији, другачија (m/f) – different, of a different kind

Мој брат је другачији од мене. – My brother is different from me.

други пут – next time, another time, a second time

Други пут идемо на кафу, зар не? – Next time we'll go for a coffee, won't've?

дуг, дуга, дуго (m/f/n) – long

Како имаш дугу косу! – How long your hair is!

дуго – long

Већ се дуго возимо. – We've been driving for a long time.

Ђ

ђус – orange juice

> *Молим кафу и ђус! – I'll have a coffee and an orange juice!*

Е

економија – economy

> *Они имају стабилну економију. – They have a stable economy.*

европски – European

> *Не гледам европску одбојку. – I don't follow European handball.*

Ф

фармацеут – pharmacist

> *Мој комшија је фармацеут. – My neighbour is a pharmacist.*

фино – fine

> *Колач је фин. – The cake is fine.*

фотографисање – photography

> *Његов хоби је фотографисање. – His hobby is taking pictures.*

фотографисати, ја фотографишем – to take a picture

> *Не желим да се фотографишем. – I don't want to be photographed.*

фризура – hairstyle

Имаш нову фризуру? – Do you have a new hairstyle?

фудбал – soccer, football

Ја волим фудбал. А ти? – I like soccer/football. And you?

Г

га – (*acc.*) him

Не видим га. – I don't see him.

газирана вода – sparkling mineral water

Молим газирану воду. – I want sparkling mineral water.

где – where

гибаница – cheese strudel

Не, не знам шта је гибаница. – No, I don't know what „gibanica" is.

гладан, гладна, гладно (m/f/n) – hungry

Соња, јеси гладна? – Sonja, are you hungry?

годишњица брака – wedding anniversary

Моји родитељи славе годишњицу брака у суботу. – My parents are celebrating their wedding anniversary on Saturday.

гојазан, гојазна, гојазно (m/f/n) – fat

Не, ти ниси гојазан. – No, you are not fat.

горак, горка, горко (m/f/n) – bitter

Салата је горка. – The salad is bitter.

господин – Mr.

госпођа – Mrs.; *voc:* **Госпођо!**

гост – guest

Наш гост говори српски веома добро. – Our guest speaks Serbian very well.

готов – finished, done

Готово? – Done?

готов, готова, готово (m/f/n) – finished

Весна још није готова са супом. – Vesna is not finished with the soup yet.

говорити, ја говорим – to speak

Још не могу брзо да говорим српски. – I can't speak Serbian quickly yet.

Грађевински техничар – construction technician

Фирма ”Мостоградња” тражи грађевинског техничара. – The company „Mostogradnja" is looking for a construction technician.

грашак – peas

Ја волим да једем грашак. – – I like to eat peas.

Грчка – Greece

Моја колегиница долази из Грчке. – My colleague is from

Greece

густ – thick

Ја не волим густе супе. – I don´t like to eat thick soups.

X

хаљина – dress

Имаш нову хаљину? – Do you have a new dress?

химилајска со – Himalayan salt

Где има да се купи химилајска со? – Where can you buy the Himalayan salt?

хоби (pl. **хобији**) – hobby

Који је твој хоби? – What hobby do you have?

хоћеш? – do you want?; inf. **хтети, ја хоћу** – to want

Хоћемо у недељу на базен? – Do we want to go swimming on Sunday?

хвала лепа – thank you a lot; **хвала вам** – I thank you

И

и– and; also

1. „i" is used in enumerations and means „and":

   Вања и Марко су студенти. – Vanja and Marko are students.

Јабуке и крушке су воће. – Apples and pears are fruit.

2. If „i" is not between two nouns and therefore has no enumeration, it has the meaning „also, likewise" and refers to the following word:

И Тијана је учитељица. – Tijana is also a teacher.

Желим да једем за ручак и пудинг. – I also want to have a pudding for lunch.

Иде. – It goes

идеја – idea

Имаш бољу идеју? – Do you have a better idea?

Идите! – Go!

идући пут – next time

Идући пут се видимо код мене. – Next time we'll see us at my place.

играти се, ја се играм – to play

Ја желим да се играм. – I want to play.

Ја желим да играм шах. – I want to play chess. (if the object is expressed „se" is omitted)

или – или = either – or

Идемо или у оперу или у биоскоп . – We are either going to the opera or to the cinema.

има – there is

Шта има за ручак? – What are we having for lunch?

имати, ја имам – to have; **ima** – there is

Ја имам испит у уторак. – I have the exam on Tuesday.

Шта има новог? – What's new?; Нема ништа новог. – There is nothing new.

име – name

Које је његово име? – What is his name?

имендан – name day

Ја не славим имендан. – I don't celebrate the name day.

иначе – otherwise

Како је иначе? – How else are you?

индијски чај – Indian tea

Не пијем индијски чај. – I don't drink Indian tea.

интересантно – interesting

То је веома интересантно. – That is very interesting.

инсистирати, ја инсистирам – to insist

Ја инсистирам на томе. – I insist.

ионако – anyway

Не идем сада никуда, ионако је прекасно. – I'm not going anywhere, it's too late anyway.

Ирска – Ireland

Он живи у Ирској. – He lives in Ireland.

испит – exam

Када имаш испит? – When do you have the exam?

исти, иста, исто (m/f/n) – same

Она има исту блузу као Дијана. – She has the same blouse as Dijana.

истина – truth

То је истина. – That is true. That is the truth.

исто – also, the same thing

Ја желим исто као и он. – I want the same thing as him.

исто тако – as… as

Твоја кућа је исто тако лепа као његова. – Your house is just as beautiful as his.

Италија – Italy

Она живи у Италији. – She lives in Italy.

италијански, италијанска (m/f) – Italian

Волим италијанску моду. А ти? – I like Italian fashion. And you?

из – from

Он долази из Берлина. – He comes from Berlin.

изгледати, је изгледам – to look

Изгледаш супер. – You look great.

изгубљен, изгубљена, изгубљено (m/f/n) – lost

Ax, ту је мој изгубљен кључ. – Oh, there's my lost key.

излазак – exit

Маја има излазак до девет. – Maja should be home by 9.

излазити, ја излазим – to go out

Куда излазимо у суботу? – Where are we going out on Saturday?

изузетно – extraordinary, exceptionally

Он изузетно добро игра фудбал. – He plays soccer/football extraordinary well.

Извините! – Excuse me!

изврсно – excellent

То је једноставно али изузетно! – This is simple but excellent!

Ј

јагода – strawberry

Једеш јагоде? – Do you eat strawberries?

јаје – egg

Ја не једем јаја, ја сам веган. – I don't eat eggs, I eat vegan.

јагњетина – lamb

Моја мама први јагњетину у недељу. – My mom prepares lamb on Sunday.

један, једна, једно (m/f/n) – one

Молим само један хлеб, не два. – I only want one loaf of bread, not two.

јединица – only child (*female*)

Љиљана је наша јединица. – Ljiljana is our only child.

једино – only

Све је супер, једино немамо кашику. – Everything is great, only the spoon is missing.

једно по једно – one by one

Не све одједном него једно по једно. – Not all at once, but one by one.

једноставно – simple

То је једноставно тако. – That's just the way it is.

јело – dish

Јела овде су одлична. – The dishes here are excellent.

јеловник – menu

Имате јеловник? – Do you have the menu?

језик – language

Мислиш да је српски језик компликован? – Do you think Serbian language is complicated?

јој – (*dat.*) her

Реци јој да касним. – Tell her I'll be late.

још – more, else, yet

Шта још? – What else?

К

кад = када – when

Када се видимо? – When will we see each other?

кафа – coffee

Волим јаку кафу. – I usually drink strong coffee.

кафић – cafe: **у кафићу** – in the cafe

Познајеш ли добар кафић? – Do you know a good cafe?

кајмак – cream as spread (*Serbian specialty*)

Морам пробати кајмак. – I must try „kajmak".

Шта се једе с кајмаком? – What do you eat with „kajmak"?

кајсија – apricot

Ја волим кајсије. – I like to eat apricots.

какав, каква, какво (m/f/n) – how, what kind (*characteristic*)

Каква је кафа овде? – How is the coffee here?

камилица – chamomile; **чај од камилице** – chamomile tea

Ја желим само чај од камилице. – I just want a chamomile tea.

као – like, as (*comparing*)

Он се смеје као мало дете. – He laughs like a toddler.

„Карађорђева шницла" (*coll.*) = **„Карађорђев одрезак"** (*standard*)
= Schnitzel Karadjordjes style (filled with cream)

Морам да пробам Карађорђеву шницлу. – I have to try „Karađorđeva šnicla".

карактер – character

Он има веома угодан карактер. – His character is very pleasant.

карате – karate

Ја се бавим каратеом већ годинама. – I have been doing karate for years.

карта града – city map

Треба да купимо карту града. – We are supposed to buy the city map.

касно – late

Већ је касно. – It´s already late.

каже – he/she/it says; inf. **казати, ја кажем** – to say

Он не каже ништа. – He doesn´t say anything.

каже се – one say

Како се каже „birthday" на српском? – How do you say „birthday" in Serbian?

кинеска кухиња – Chinese cuisine

Ја волим кинеску кухињу. – I like to eat Chinese food.

киша – rain

Пада киша. – Iti s raining.

књига – book

Одлична књига! – An excellent book!

код (+ gen.) – at, next, to; **код њих** – at them; to them

Можемо да седнемо код прозора. – We can sit next to the window.

код куће – at home

Где си? – Код куће. = Where are you? – At home.

кога – (*acc.*) who

Кога гледаш тако позорно? – Who are you looking at so attentively?

који, која, које – which

Који сто је наш? – Which table is ours?

колач – cake

Ја много волим да једем колаче. – I like to eat cake.

колико – how much

Колико имаш година? – How old are you?

Колико је сати? = Колико је часова? – What time is it?

компликован, компликована, компликовано (m/f/n) – complicated

То није компликовано. – It is not complicated.

комплимент – compliment

Хвала за комплимент. – Thanks for the compliment.

комшија – neighbour (*male*)

Мој комшија је угодан. – My neighbour is pleasant.

конобар – waiter; *vocative*: Конобаре!

конобарица – waitress

Конобарица је млада. – The waitress is young.

кошарка = **баскет** (*coll.*) – basketball

Мој син игра кошарку. – My son plays basketball.

кромпир – potato, potatoes

Волим да једем кромпир. – I like to eat potato.

кромпир пире – mashed potatoes

Данас имамо за ручак кромпир пире. – Today we have mashed potatoes for lunch.

кући – (to go) home

Идемо кући. – We are going home.

куда – where to

Куда идемо? – Where are we going?

кухиња – kitchen

Имате лепу кухињу! – You have a beautiful kitchen!

купити, ја купим (*pfv. a.*) – to buy

Не мораш ништа да купиш ако не желиш. – You don´t have to buy anything if you don´t want to.

куповати, ја купујем – to buy, to do shopping

Сада купујем. – I´m shopping now.

кувар – cook

Је ли он кувар по занимању? – Is he a cook by profession?

кувати, ја кувам – to cook

Ја не кувам сваки дан. – I don´t cook every day.

Л

лажеш – you lie; inf. **лагати, ја лажем** – to lie

Мислиш да он лаже? – Do you think he´s lying?

лекарка – doctor (*female*)

Имам веома добру лекарку. – I have a very good doctor.

ленчарити, ја ленчарим – to be lazy

Недељом ленчарим. – I am lazy on Sundays.

леп, лепа, лепо (m/f/n) – beautiful

Како лепо дете! – Such a beautiful child!

лево – left

Требате да скренете лево! – You are supposed to turn left!

лифт – lift, elevator; **у лифту** – in the elevator; **liftom** – by elevator

Идемо лифтом? – Are we going by elevator?

лигња – calamari

Не, не једем лигње. – No, I don´t eat calamari.

лимун – lemon; **с лимуном** – with lemon

Ја желим чај с лимуном. – I would like a tea with lemon.

локал – restaurant, place

Не, не знам тај локал. – No, I don´t know this place.

лук – onion

Не волим лук у храни. – I don´t like onion in my food.

Љ

љубазно – nice

То је веома љубазно од вас. – That´s very nice of you.

љут, љута, љуто (m/f/n) – spicy; angry, annoyed

Салата је љута. – The salad is spicy.

Игор је љут. – Igor is annoyed.

М

мали, мала, мало (m/f/n) – small

Бицикл је мали. – The bike is small.

мама – mom, mum

Да, познајем твоју маму. – Yes, I know your mother.

мање – less

То је много мање. – That´s a lot less.

математика – mathematics

Ја волим математику. А ти? – I like mathematics. And you?

ме – (*acc.*) me

Видиш ме? – Do you see me?

мед – honey

Желим чај с медом. – I wolud like a tea with honey.

медицина – medicine

Мој син студира медицину. – My son is studying medicine.

медицинска сестра – nurse

Она је медицинска сестра по занимању. – She is a nurse by profession.

мене – (*acc; gen*) me (*long form*)

Он треба да дође по мене. – He is supposed to pick me up.

месец – month; **месец дана** – for a month

Ја обично проводим месец дана код бабе. – I usually spend a month with my grandma.

месо – meat

Ја не једем месо. – I don´t eat meat.

минерална вода – mineral water

Могу да добијем минералну воду? – Can I get mineral water?

мислити, ја мислим – to think

И ја тако мислим. – I agree.

млеко – milk

Он не пије млеко. – He doesn't drink milk.

млевено месо – minced meat

Требаш да купиш млевено месо. – You should buy minced meat.

много – much, lot

Много ти хвала. – Thank you so much.

моћи, ја могу – can

ти можеш, он/она/оно може; ми можемо, ви можете, они/оне/она могу

Можеш да кратко дођеш? – Can you come for a moment?

молим вас – please

Молим вас чашу воде! – Can I get a glass of water?

Молим! – Please!

морати, ја морам – must

Морам да идем. – I have to go.

морска со – sea salt

Морска со је боља. – Sea salt is better.

можда – maybe

Можда касније. – Maybe later.

може (*coll.*) – O.K., alright

Идемо на кафу? – Може. = Let's go for a coffee? – Alright.

Н

на – at; on

Идеш на курс српског језика? – Are you attending the Serbian course?

Ја сам сада на пошти. – – I'm at the post office now.

надати се, ја се надам – to hope

Ја се надам да је Маја готова. – I hope that Maja is ready/ finished.

надимак – nickname

Његов надимак је Боби. – His nickname is Bobi.

најлепши, најлепша, најлепше – the most beautiful

То је стварно најлепша кућа. – This is really the most beautiful house.

најмање – least, at least, the least

То је најмање шта могу да урадим. – This is the least what I can do.

напоље – (*where to*) out; **напољу** – (*where*) outside

Идемо напоље да се шетамо. – Let´s go out for a walk.

Лео је напољу с децом. – Leo is outside with the kids.

направити, ја направим (*pfv. a.*) – to make; to prepare

Данас желим да направим колач. – I want to make a cake today.

наравно – of course

Ја наравно долазим. – I'll come, of course.

нарезати, ја нарежем (*pfv. a.*) – to cut; **нарезати на ситно** – to cut in small pieces

Јабуке требаш да нарежеш на ситно. – I want you to cut the apples into small pieces.

наручити, ја наручим (*pfv. a.*) – to order

Хоћемо да наручимо? – Shall we order?

наруџба – order

То није наша наруџба. – This is not our order.

научити, ја научим (*pfv. a.*) – to learn

Морам ли да научим све? – Do I have to learn everything?

навече = увече – in the evening

Навече идемо на изложбу, зар не? – In the evening we are going to the exhibition, aren´t we?

навика – habit

То радим из навике. – I do it out of habit.

назвати, ја назовем (*pfv. a.*) – to call

Можеш да ме назовеш касније? – Can you call me later?

нажалост – unfortunately

Нажалост не могу да дођем. – Unfortunately, I can´t come.

нећак – nephew

Њен нећак је још мали. – Her nephew is still small.

недеља – week; Sunday

Цела недеља је била пуна стреса. – The whole week was stressful.

У недељу идемо на излет. – On Sunday we will go on a trip.

негазирана вода – non-carbonated water, still water

Ја пијем само негазирану воду. – I drink only still water.

него – but; than (*comparative*)

Он не пије сок него чај. – He doesn´t drink juice, but he drinks tea.

Бицикл је бољи него ауто. – A bicycle is better than a car.

неколико – some

Неколико људи се смеју. – Some people are laughing.

нема – there is not, there are not

Данас нема ништа новог. – There is nothing new today.

нема на чему – you´re welcome

Хвала. – Нема на чему. = Thank you. – You´re welcome.

Немачка – Germany

Путујем у Немачку. – I´m going to Germany.

Ја сам у Немачкој. – I am in Germany.

немачки језик – German language

Немачки језик је веома интересантан. – German is very interesting.

немати, ја немам – to not have

Ја немам рукавице. – I don´t have gloves.

непушач – non-smoker

Ко је овде непушач? – Who is a non-smoker here?

нешто – something

Хоћу нешто да ти кажем. – I want to tell you something.

нездраво – unhealthy

То је у сваком случају нездраво. – It´s definitely unhealthy.

ни – neither, also not

Не желим кафу. Али ни чај. – I don´t want coffee. No tea either.

никад = никада – never; **никад боље** – never better

Ја никада не једем кајсије. – I never eat apricots.

Како си? – Никад боље. = How are you? – Never better.

нико – no one, nobody

Нико овде не пије алкохол. – Nobody here drinks alcohol.

ништа – nothing

Ми не желимо ништа. – We don´t want anything.

но – (*emphasis word*) well; **но добро** – well, all right

Но добро, можемо да узмемо и десерт. – Well, we can have a dessert, too.

нови, нова, ново (m/f/n) – new

То је мој нови комшија. – This is my new neighbour.

Њ

ње → **код ње** – next to her; at her place

Ја славим мој рођендан код ње. – I´m celebrating my birthday at her place.

О

обавезно – absolutely, definitely

Морамо обавезно да се видимо. – We absolutely have to see each other.

обданиште – kindergarten

Моје дете иде у обданиште. – My child goes to kindergarten.

облачно – cloudy

Данас је облачно. – Today is cloudy.

обзир → не долази у обзир – it is out of the question

Ја плаћам наше кафе. – Не, не долази у обзир. = I'll pay for our coffees. – No, it´s out of the question.

од – from, by (*material*)

Желим сок од крушке. – I would like a pear juice.

одакле – from where

Одакле долазиш? – Из Америке. – Where do you come from? – From America.

одличан, одлична, одлично (m/f/n) – excellent

Вино је одлично. – The wine is excellent.

одлука – decision

То није лагана одлука. – This is not an easy decision.

одмах – immediately

Одмах долазим! – I'll be right there!

одрастао – adult

Он није дете, он је одрастао. – He is not a child, he is an adult.

око – around

Видимо се око десет. – See you around 10.

окус – taste

Ах, какав окус! – Oh, what a taste!

Омиљено јело – favorite dish, favorite food

Моје омиљено јело је супа. – My favorite dish is soup.

онда – then

И онда? – And then?

опет – again

Кад пијемо кафу опет? – When are we going to have coffee again?

орман – cupboard, cabinet, wardrobe

Мој орман је пун. – My cupboard is full.

осећати се, ја се осећам – to feel

Не осећам се добро. – I don´t feel well.

осим – except

Требам све осим капута. – I need everything except coat.

осим тога – besides

Ја желим осим тога и сок. – Besides I want also a juice.

остати, ја останем (*pfv. a.*) – to stay

Можеш да останеш још мало? – Can you stay a little longer?

отворити, ја отворим (*pfv. a.*) – to open

Можеш да отвориш врата? – Can you open the door?

овај пут – this time

Овај пут идемо у позориште, али други пут идемо у биоскоп. – This time we are going to the theater, but next time we'll go to the cinema.

овде – here

Како је лепо овде! – How beautiful it is here!

озбиљно – seriously

Ја то мислим озбиљно! – I am serious!

оздрављење – recovery

Желим ти брзо оздрављење! – Get well soon!

П

па – (*emphasis word*) but; then

Па то не знам! – But I don't know that!

Идите лево па десно па лево. – Go left, then right, then left.

падати, ја падам – to fall

Киша пада. – It's raining

паметан, паметна, паметно (m/f/n) – clever, smart

Вера је паметно дете. – Vera is a clever child.

парадајз (*coll.*) – tomato

Колико коштају парадајзи? – How much do tomatoes cost?

пармезан – parmesan

Да, ја то једем с пармезаном. – Yes, I eat it with parmesan.

пасуљ – beans

Овај пасуљ је укусан. – This bean dish is delicious.

паштета – pate, pie of meat, pastry

Не једем паштету. – I don´t eat pate.

пауза – pause, break

Идемо на паузу? – Are we going to the break?

пече – she bakes; inf. **пећи, ја печем** – to bake

ја печем, ти печеш, он/она/оно пече; ми печемо, ви печете, они/оне/она пеку

Шта печеш данас? – What are you baking today?

пењати се, ја се пењем – to climb

Куда се он пење? – Where is he climbing?

пепељара – ashtray

Могу да добијем пепељару? – Can I get an ashtray?

петак – Friday; **у петак** – on Friday

Видимо се у петак? – Will I see you on Friday?

пица – pizza

Данас имамо пицу за ручак. – Today we have pizza for lunch.

пица тоно – pizza tonno (*with tuna*)

Ја желим пицу тоно. – I´ll order a pizza tonno.

пицерија – pizzeria

Можемо да идемо у пицерију. – We can go to the pizzeria.

пиће – drink

Хоћемо на пиће? – Shall we go for a drink?

пиринач – rice; **с пиринчем** – with rice

Ја не волим месо с пиринчем. – I don´t like meat with rice.

пише – it says

Шта пише у новинама? – What does the newspaper say?

питати, ја питам – to ask

Желим нешто да те питам. – I want to ask you something.

пити, ја пијем – to drink

Шта пијемо? – What are we drinking?

пиво – beer

Молим два пива. – Two beers please.

плаћати, ја плаћам – to pay

Ја све плаћам. – I´ll pay for everything.

план (пл. **планови**) – plan

Какав је твој план за викенд? – What´s your plan for the week-end?

планина – mountain

Ја волим планине. А ти? – I like mountains. And you?

планирати, ја планирам – to plan

Ја волим да планинарим. – I like to plan.

платити – to pay

Ја желим да платим! – I want to pay!

по → **доћи по, ја дођем по** (*pfv. a.*) – to pick up

Он треба да дође по мене. – I want him to pick me up.

по – over, in, through

Ја волим да шетам по граду. – I like to walk through the city.

по занимању – by profession

Шта си по занимању? – What is your profession?

почињати, ја почињем – to begin

Када почињемо с курсем? – When do we start the course?

погледати, ја погледам (*pfv. a.*) – to look at, to take a look at

Можеш кратко да погледаш мој текст? – Can you take a look at my text?

показати, ја покажем (*pfv. a.*) – to show

Можеш да ми покажеш свеску? – Can you show me your notebook?

поклон – present, gift

То је предиван поклон! – This is a beautiful gift!

покушавати, ја покушавам – to try

Ја стално покушавам, али не иде. – I keep trying, but it doesn't work.

пола – half

Желим само пола хлеба. – I only want to have half a loaf of bread.

полако – slowly

Ја волим полако да читам. – I like to read slowly.

полицајац – policeman

Знате ли где могу да нађем полицајца? – Do you know where I can find a policeman?

помоћ – help

У помоћ! – Help!

помогнем – I help; inf. **помоћи, ја помогнем** (*pfv. a.*) – to help

Могу да вам помогнем? – Can I help you?

понекад – sometimes

Ја само понекад идем у биоскоп. – I go to the cinema sometimes.

понуда – offer

То је добра понуда. – This is a good offer.

порција – portion

То је превелика порција за мене. – This is too big portion for me.

пореклом – by descent

Његов отац је пореклом из Грчке. – His father is Greek by descent.

породица – family

Моја породица није велика. – My family is not big.

посао – work, job

Идем на посао. – I´m going to work.

Ја сам сада на послу. – I am at work now.

посета – visit

Идемо у посету. – We are going for a visit.

посетити, ја посетим (*pfv. a.*) – to visit

Ја желим да вас посетим у четвртак. – I would like to visit you on Thursday.

после – after; **после тога** – after that

После вечере идемо у шетњу. – After dinner we will go for a walk.

После тога све је лепше. – Everything is nicer after.

послеподне – afternoon; in the afternoon

Видимо се послеподне. – Wir sehen uns am Nachmittag.

пошта – post office

Идемо на пошту. – We´ll go to the post office.

поврће – vegetables

Поврће је ове године веома добро. – The vegetables are very good this year.

познат, позната, познато (m/f/n) – famous, well-known

Она је позната глумица. – She is a famous actress.

познавати се, ја се познајем – to know each other

Ми се познајемо још из школских дана. – We have known each other since our school days.

правити, ја правим – to make; to prepare

Шта правиш за ручак? – What are you preparing for lunch today?

право – straight

Иди само право! – Just go straight!

предавање – lecture

Када имаш предавање? – When do you have lectures?

предивно – wonderful

То је предивно! – That is wonderful!

препоручивати, ја препоручујем – to recommend

Ја ти препоручујем да узмеш и десерт. – I also recommend you to take the dessert.

преводилац – translator

Његов отац је преводилац. – His father is a translator.

презиме – family name

Како је твоје презиме? – What is your family name?

причати, ја причам – to talk

Ти мало причаш, зар не? – You don´t talk much, do you?

прилог – side dish

Не желим прилог. – I don´t want a side dish with the meat.

природа – nature

Ја волим природу. А ти? – I like nature. And you?

пробати, ја пробам – to taste

Мораш да пробаш колач! Одличан је! – You must taste the cake! It´s excellent!

проблем – problem

Нема проблема. – No problem.

продавница – store

Требам да идем у продавницу. – I´m supposed to go shopping.

професорка – professor (*female*)

Твоја професорка је веома згодна. – Your professor is very pretty.

прогноза времена – weather forecast

Каква је прогноза времена за данас? – What is the weather forecast for today?

променити се, ја се променим (*pfv. a.*) – to change

То може да се промени, зар не? – That can be changed, can´t it?

пршут – -dried ham

Не једем пршут. – I don´t eat ham.

прво – for now, first

Прво да једемо па можемо даље. – First we eat and then we can move on.

пудинг – pudding; **пудинг од чоколаде** – chocolate pudding

Ја не једем пудинг од чоколаде. – I don´t eat chocolate pudding.

пуњен, пуњена (m/f) – filled, stuffed

Не, не знам рецепт за пуњене паприке. – No, I don´t know the recipe for stuffed peppers.

пушење – smoking

Овде је пушење забрањено. – Smoking is prohibited here.

пушити, ја пушим – to smoke

Овде нико не пуши. – Nobody smokes here.

пут – way; **овај пут** – this time

Где је пут? – Where is the way?

Овај пут ја плаћам кафу. – This time I´ll pay for the coffee.

Р

радити, ја радим – to work; to make, to do

Где радиш? – Where do you work?

Радим домаћи задатак. – I do the homework.

радо – with pleasure, gladly

Хоћеш да ти помогнеш? – Радо. = Do you want to help me? – Gladly.

рано – early

Ја устајем рано ујутро. – I get up early.

разговор – talk, conversation

Какав разговор водите? – What kind of conversation are you having?

разред – class

У који разред иде твој син? – What class does your son attend?

разумети, ја разумем – to understand

Не разумем све. – I don´t understand everything.

рецепт – recipe

Можеш да ми даш рецепт? – Can you give me the recipe?

Реци ми! – Tell me!

Реци! – Tell me! Say!

Реците ми! – Tell me! *(polite form)*

реду → у реду – all right

ресторан – restaurant; **у ресторану** – in the restaurant

Идемо у ресторан? – Are we going to the restaurant?

резервни план – backup plan

Не, немам резервни план. – No, I don´t have a backup plan.

риба – fish

Уз рибу иде добро црно вино. – Red wine goes well with fish.

родитељи – parents

Моји родитељи су веома забавни. – My parents are very amusing.

рођендан – birthday

Када имаш рођендан? – When is your birthday?

ролат – roulade

Ролат је веома укусан. – The roulade is very tasty.

роштиљ – barbecue

Идемо на роштиљ код Вука? – Let´s go to the barbecue at Vuk´s?

ручак – lunch, midday meal

За ручак имамо само супу. – For lunch we have only soup.

ручати, ја ручам – to eat at lunch, to have lunch

Не, данас не ручам. – No, today I don´t eat at lunch.

рука – hand

Шта имаш у руци? – What´s in your hand?

рунда – round

Ова је рунда моја. – This round is on me! I'll pay for the round!

С

с = са – with

Идем с Марком у Нови Сад. – I'm going to Novi Sad with Marko.

Идем са <u>С</u>узаном у биоскоп. – I'm going to the cinema with Suzana

сада = сад – now

Сад или никад! – Now or never!

салата – salad

Желим зелену салату. – I want a green salad.

салвета – napkin

Могу да добијем салвету? – Can I get a napkin?

сам, сама, само (m/f/n) – alone; by yourself, yourself

Ја сам сам код куће. – I am alone at home.

Ја сам печем хлеб. – I bake the bread myself.

само – only; **само мало** – a moment; just a little

Требам само мало соли. – I just need a little salt.

Причекај само мало! – Wait a moment!

сарма – cabbage roll, cabbage wrap

> *Данас једемо сарму. – Today we eat "sarma"/cabbage roll.*

сат = час – clock; **колико је сати?** – What time is it? = **колико је часова?**

се – itself; one

> *Требаш да се обријеш. – You are supposed to shave.*

> *Овде се добро једе. – This is a good place to eat.*

сендвич – sandwich

> *Хоћеш да купиш сендвич? – Do you want to buy sandwiches?*

сестра – sister

> *Хоћеш да ме упознаш с твојом сестром? – Do you want to introduce me to your sister?*

сезона грипе – flu epidemic

> *Долази нажалост сезона грипе. – Unfortunately, the flu epidemic is coming.*

сигуран, сигурна, сигурно (m/f/n) – safe

> *Дете је сигурно на путу до школе. – The child is safe on the way to school.*

сигурно – for sure, sure, safe

> *Да, идемо у Београд сигурно у уторак. – Yes, we are going to Belgrade for sure on Tuesday.*

симпатичан, симпатична, симпатично (m/f/n) – sympathetic, like-able

Лела је веома симпатична. – Lela is very sympathetic.

син – son

Ја имам сина. – I have a son.

ситно → нарезати на ситно – to cut small

Молим, поврће нарезати на ситно. – Please, cut vegetables into small pieces.

сјајно – shiny, beautiful

Изгледаш сјајно. – You look beautiful.

скијање – skiing

Скијање је веома здраво. – Skiing is very healthy.

скијашица – skier (*female*)

Тијана је одлична скијашица. – Tijana is an excellent skier.

скијати, ја скијам – to ski

Ја не волим да скијам. – I don´t like skiing.

скупо – expensive

Је ли вино скупо? – Is the wine expensive?

сладак, слатка, слатко (m/f/n) – sweet

Како је ваше дете слатко! – How sweet is your child!

слан, слана, слано (m/f/n) – salty

Да, све је довољно слатко. – Yes, everything is salty enough

славити, ја славим – to celebrate

Када славимо? – When do we celebrate?

следећи, следећа, следеће (m/f/n) – coming, next

Следеће недеље почиње мој курс. – My class/course starts next week.

слично – similar

То није слично. – This is not similar.

смеђ(и), смеђа, смеђе (m/f/n) – brown

Она носи увек смеђе панталоне. – She always wears brown pants.

смејати се, ја се смејем – to laugh

Зашто се смејеш? – Why are your laughing?

смена – shift

Ја радим у сменама. – I work in shifts.

смети, ја смем – may

Смемо да уђемо? – May we come in?

смиривати се, ја се смирујем – to calm down

Деца се смирују лако. – Children calm down easily.

смршати, ја смршам (*pfv. а.*) – to lose weight

Желим да смршам. – I want to lose weight.

со – salt

Где је со? – Where is salt?

Требам мало соли. – I need a little salt.

соба – room

Идемо у собу. – We are going to the room.

сок (pl. **сокови**) – juice

Желимо да наручимо сокове. – We would like to order juices.

спанаћ – spinach

Једеш ли спанаћ? Do you eat spinach?

спавање – sleeping

Велика вечера пре спавања није здрава. – Having a big evening meal before sleeping is not healthy.

спавати, ја спавам – to sleep

Ја не спавам после ручка. – I don´t sleep after lunch.

специјалитет – specialty

Желим да пробам српске специјалитете. – I would like to taste Serbian specialties.

спортски – sporty

Он има мала спортска кола. – He has a small sports car.

српски – Serbian

Учим српски (језик) већ пар месеци. – I´ve been learning Serbian for a few months.

То је српски специјалитет. – It´s a Serbian specialty.

стално – always, all the time

Не желим стално да устајем од стола. – I don't want to get up from the table all the time.

стане – he stops; **стати, ја станем** *(pfv. a.)* – to stop

Како је? – Иде па стане. = How's it going? – Stop and go

станица – station; stop

Хоће ли воз да стане на следећој станици? – Will the train stop at the next stop?

ставити, ја ставим *(pfv. a.)* – to put

Требаш да ставиш млеко у колач. – You shoud put milk in the cake.

Тањир можеш да ставиш на стол. – You can put the plate on the table.

столни тенис – table tennis

Скоро свако зна да игра столни тенис. – Almost everyone can play table tennis.

стрес – stress

Ја нисам у стресу. – I am not stressed.

стриц – uncle (*paternal*)

Да, ја имам стрица. – Yes, I have an uncle.

стрина – aunt, wife of „stric" (*paternal uncle*)

Идем да посетим стрину. – I am going to visit the aunt.

стрпљив, стрпљива, стрпљиво (m/f/n) – patient

Ја сам увек стрпљив. – I am always patient.

студенткиња – student (*female*)

Мала Сузана је већ студенткиња. – Little Suzana is already a student.

субота – Saturday; **у суботу** – on Saturday

Не можемо да се видимо у суботу. – We can´t see each other on Saturday.

сунчано – sunny

Данас је опет сунчано. – Today is sunny again

супа – soup

Ја желим домаћу супу. – I would like a homemade soup.

свакако – sure, in any case

Ја долазим свакако! – I´m coming in any case!

сваки дан – every day

Ја вежбам српски сваки дан. – I practice Serbian every day.

свакодневица – everyday life

Моја свакодневица је компликована, али интересантна. – My everyday life is complicated, but interesting.

све – everything, all

То је све? – That´s all?

свет – world

Данас је свет много лепши него јуче. – Today the world is much more beautiful than yesterday.

све – all, everybody

> *Идемо сви на пиће после курса? – Are we all going out for a drink after class/course?*

свињетина – pork

> *Ја не једем свињетину. – I don't eat pork.*

Ш

шаргарепа – carrot

> *Ја волим сок од шаргарепе. – I like carrot juice.*

шетња – walk

> *Идемо у шетњу? – Shall we go for a walk?*

шипак – rose hip; **чај од шипка** – rose hip tea

> *Желим чај од шипка. – I would like a rose hip tea.*

школа – school

> *Када идеш у школу? – When do you go to school?*

шпагете – spaghetti

> *Моја мама често кува шпагете. – My mother prepares spaghetti often.*

Шпанија – Spain

> *Ми летујемо у Шпанији. – We spend the summer in Spain.*

шта – what; **шта желите** – what you want

Можете да наручите шта желите. – You can order what you want.

штета – pity

Ах, баш штета ! – Oh, what a pity! Too bad!

Т

тачно – right, exactly

Тачно тако! – Exactly!

тако – so

Супа је тако добра да ми мораш да даш рецепт. – The soup is so good, you have to give me the recipe.

Идемо тако да не сметамо Вању када учи. – Let's go so that we don't disturb Vanja while she's studying.

тако је – so it is

такође – also, too

Ја сам добро такође. – I am doing well too.

тамо – there

Кључ је тамо, на столу. – The key is there, on the table.

тањир – plate

Могу да добијем нови тањир? – Can I get a new plate?

тата – dad

Тата слави рођендан у недељу. – Dad is celebrating his birthday on Sunday.

те – (*acc., gen.*) you

Волим те. – I love you.

теби – (*dat.*) you

Данас честитамо само теби. – Today we are congratulating only you.

тек – only, not until

То можемо тек после да видимо. – We can see that later.

телефонски разговор – phone conversation

Можемо после да наставимо наш телефонски разговор. – We can continue our phone conversation later.

телевизија – TV; **гледати телевизију** – to watch TV

Када желиш да гледаш телевизију? – When do you want to watch TV?

телевизијска серија – TV series

Моја омиљена телевизијска серија је на програму ујутро. – My favorite series in on the morning program.

тенис – tennis

Када обично играш тенис? – When do you usually play tennis?

тешко – heavy, difficult

Твоја ташна је прилично тешка. – Your bag is quite heavy.

Математика уопште није тешка. – Mathematics is not

difficult at all.

ти – you; (*dat.*) you

> *Анита, ти си веома симпатична. – Anita, you are very likeable.*

> *Ја ти кажем да требамо сад да идемо. – I tell you we should go now.*

тип – type

> *Он? Не, он није мој тип. – Him? No, he´s not my type.*

типично – typical

> *То је типично за њега. – That´s typical for him.*

то – that

> *То је одлична вест. (вест – feminin) – This is excellent news.*

точено пиво – draft beer, beer on tap

> *Желите пиво у боци или точено пиво? – Would you like bottled beer or draft beer?*

topao, topla, toplo (m/f/n) – warm

> *Твоја јакна је веома топла, зар не? – Your jacket is very warm, isn´t it?*

торта – cake

> *Твоја торта је веома укусна. – Your cake is very tasty.*

трафика – tobacconist

> *Идем у трафику по новине. – – I am going to the tobacconist to buy a newspaper.*

трамвајем – by streetcar

Идемо до биоскопа трамвајем. – We go to the cinema by streetcar.

трамвајска станица – streetcar station

Молим вас, знате ли где је трамвајска станица? – Excuse me, do you know where the streetcar station is?

тражити, ја тражим – *to look for*

Шта тражиш? – What are you looking for?

требати, ја требам – to need; should

Шта требамо за излет? – What do we need for the trip?

Ми требамо да идемо. – We should go.

тренинг – Training

Када имаш тренинг? – When do you have the training?

турист (or: **туриста**) – tourist

Ја нисам турист, ја живим овде. – I am not a tourist, I live here.

туширати се, ја се туширам – to take a shower

Идем да се туширам. – I'm going to take a shower.

У

у – in; for, to

У пошти нема много људи. – There are not many people at the post office.

Када идеш у Београд? – When are you leaving for Belgrade?

у – at; in **у пет сати / часова** – at 5 oʹclock

Видимо се сутра у пет сати / пет часова. – See you tomorrow at 5 oʹclock.

У колико сати? = **У колико часова?** – At what time?

У реду. – All right.

учитељица – teacher (*female*)

Њена учитељица је болесна. – Her teacher is ill

учити, ја учим – to learn, to study

Да ли учиш за викенд? – Do you learn on weekends?

удана (f) – married (*woman*)

Она није удана. – She is not married.

укусан, укусна, укусно (m/f/n) – tasty

Како је колач укусан! – How tasty the cake is!

улица – street

Не могу да нађем твоју улицу. – I canʹt find your street.

универзитет – university

Видимо се на универзитету! – See you at the university!

увече = **навече** – in the evening

Куда идемо увече? – Where do we go in the evening?

увек – always

Не пијем увек кафу, понекад пијем чај. – I don´t always drink coffee, sometimes I drink tea.

В

ваљда – (*emphasis word*) but, well; probably

Не мислиш ваљда да сада идемо? – But you don´t want us to leave now, do you?

То је ваљда њена ташна. – This is probably her bag.

вам – (dat.) you

Желим да вам честитам! – I want to congratulate you!

ван – (*where to*) out; **вани** – (*where*) outside

Ми идемо ван у природу. – We are going out, into the nature.

Ми смо вани у природи. – We are out, in the nature.

Compare!

напоље – (*where to*) out; **напољу** – (*where*) outside

Идемо напоље да се шетамо. – We are going out for a walk.

Марко је напољу с децом. – Marko is outside with the children.

Важи! (*coll.*) – Ok! All right!

вечера – dinner, evening meal

Када је вечера? – When is the dinner?

вечерас – tonight

Вечерас идемо у ресторан, зар не? – Tonight we are going to the restaurant, right?

вечерати, ја вечерам – to have dinner

Ја никад не вечерам. – I never eat in the evening.

већ – already; for

Ах, већ је ноћ! – Oh, it´s already night!

Ја живим у Београду већ десет година. – I have been living in Belgrade for 10 years.

већи, већа, веће (m/f/n) – bigger

Молим већу јабуку! – I want a bigger apple!

вегетаријанка – vegetarian (*female*)

Моја комшиница је вегетаријанка. – My neighbour is a vegetarian.

веома – very

Ветар дува веома јако. – The wind is blowing very hard.

Он је веома добро. – He is very well.

вероватно – probably

Он вероватно не зна твоју адресу. – He probably doesn´t know your address.

вест (f) – news

Имам добру вест! (вест – feminin) – I have good news!

вежба – excercise

Вежба је лагана. – The exercise is easy.

вежбати, ја вежбам – to excercise, to practice

Ми вежбамо сваки дан. – We practice every day.

виц (pl. **вицеви**) – joke

Хоћеш да ти испричам виц? – Do you want me to tell you a joke?

видети се, ја се видим – to see each other

Када се видимо? – When will we see each other?

Видимо се! – See you!

Видиш! – You see!

Видите! – See! See you!

виски – whisky

Ја не пијем виски. – I don´t drink whisky.

бисок, висока, високо (m/f/n) – tall

Твоја девојка је веома висока. – Your girlfriend is very tall.

Дрво испред његове куће је високо. – The tree in front of his house is tall.

Compare!

велик, велика, велико (m/f/n) – big

Твој нови ауто је велик. – *Your new car is big.*

вода – water

Могу добити и воду уз кафу? – *Can I also get water to my coffee?*

водити, ја водим – to lead, to take; **водити децу у обданиште** – to take children to kindergarten

Ко води данас децу у обданиште? – *Who will take the children to kindergarten today?*

Ти их водиш, а ја идем по њих. – *You'll take them there, I'll pick them up.*

волети, ја волим – to love, to like

Да ли волиш Вука? – *Do you love Vuk?*

Волиш ли да идеш у оперу? – *Do you like to go to the opera?*

воља – will; **добра воља** – good will

То је његова добра воља да ли жели да иде с нама. – *That is his good will, whether he wants to go with us.*

возач – driver; **возач аутобуса** – bus driver

Возач аутобуса је веома љубазан. – *The bus driver is very nice.*

време – time; weather

Данас немам времена. – *Today I have no time.*

Какво је време данас? – *How is the weather today?*

за – for; to; at

> *За тебе имам увек времена. – For you I always have time.*

> *Идемо сутра за Смедерево? – Are we going to Smederevo tomorrow?*

> *Седим за компјутером и пишем ти мејл. – I am sitting at the computer and writing you an email.*

забава – fun; **из забаве** – for fun

> *Ја волим да играм карте из забаве. – I like to play cards for fun.*

забаван, забавна, забавно (m/f/n) – amusing

> *Твој брат је веома забаван. – Your brother is very amusing.*

зачин – spice

> *Треба да купимо зачине. – We are supposed to buy spices.*

задњи, задња, задње (m/f/n) – last

> *Ја нисам задњи у реду. – I´m not the last in line.*

заиста – really

> *Он је заиста безобразан. – He´s really cheeky.*

заједнички, заједничка, заједничко (m/f/n) – together, common

> *Дејан је њихово заједничко дете. – Dejan is their common child.*

заједно – together

Можемо заједно зубару. – We can go to the dentist together.

зар не → *Волиш ме, зар не? – You love me, don´t you?*

засада – for now, currently

Ја сам засада задовољна. – I am currently satisfied.

зашто – why

Зашто су деца напољу? – Why are the children outside?

зато – because of that (*consequence*); **зато што** = **јер** – because (*cause*)

Време је лепо и зато идемо напоље. – The weather is nice now and that´s why we are going out. (consequence)

Ми једемо јер смо гладни. – We are eating because we are very hungry. (cause)

Здраво! – Hello!

зелени чај – green tea

Ја не пијем зелени чај. – I don´t drink green tea.

згодан, згодна, згодно (m/f/n) – pretty

Његова девојка је баш згодна. – His girlfriend is really pretty.

зима – winter

Када долази зима? – When comes the winter?

значити, ја значим – to mean

Шта то значи? – What does it mean?

Знате ... – You know ...

знати, ја знам – to know; can

> *Ја знам његову адресу напамет. – I know his address by heart.*

> *Ја знам српски. – I can speak Serbian.*

> *Ја знам Дејана, он је мој комшија. – I know Dejan, he is my neighbour.*

зове се – he/she is called; inf. **звати се, ја се зовем** – to be called

> *Ја се не зовем Лео. – My name is not Leo.*

Ж

Жао ми је. – I am sorry.

желети, ја желим – to want, to wish

> *Шта желиш да једеш? – What would you like to eat?*

жеља – wish

> *Имаш ли жеља? – Do you have wishes?*

жена – woman; wife

> *Ова жена иза пулта је моја комшиница. – This woman behind the counter is my neighbour.*

> *Моја жена је директорица. – My wife is a director.*

живети, ја живим – to live

> *Ја живим цео живот у Београду. – I live in Belgrade all my life.*

жмурка – hide and seek (*children´s game*)

Деца играју жмурке у дворишту. – Children are playing hide and seek in the yard.

журка (*coll.*) – party

У суботу је журка код Марка. – On Saturday the party will take place at Marko´s.

Serbian Reader

Available from December 2023

75

Level A1

Snežana Stefanović: IDEMO DALJE 1

paperback, ebook, audiobook, interactive ebook with audio

Snežana Stefanović: SERBIAN: Vocabulary Practice A1 to the Book "Idemo dalje 1" - Latin Script

paperback & ebook

Snežana Stefanović: SERBIAN: Vocabulary Practice A1 to the Book "Idemo dalje 1" - Cyrillic Script

paperback & ebook

Snežana Stefanović: SERBIAN: Simple Sentences 1

paperback, ebook, audiobook, interactive ebook with audio

Snežana Stefanović: SERBIAN: Simple Sentences 2

paperback & ebook

Snežana Stefanović: IDEMO DALJE 2

paperback, ebook, audiobook, interactive ebook with audio

Snežana Stefanović: Trifun i mali fudbaleri – Short Story

paperback & ebook

Snežana Stefanović: Learn Serbian Cyrillic, Textbook

paperback & ebook

Snežana Stefanović: Small Travel Vocabulary

paperback & ebook

<u>Level A2</u>

Snežana Stefanović: IDEMO DALJE 3

paperback & ebook

Snežana Stefanović: A2 Jokes and Anecdotes Part 1

paperback & ebook

Snežana Stefanović: A2 Jokes and Anecdotes Part 2

paperback & ebook

<u>Level A2 – B1</u>

Snežana Stefanović: IDEMO DALJE 4

paperback & ebook

<u>Level C1</u>

Snežana Stefanović: Vreme – Short Stories

paperback & ebook

Please visit us at
www.serbian-reader.com
and find out more about other books and media for learning Serbian.
New books and digital media are published continuously.

www.ingramcontent.com/pod-product-compliance
Lightning Source LLC
La Vergne TN
LVHW010657200726
843507LV00011B/1913